Werner Färber

# Geschichten vom kleinen Seehund

Jllustrationen von Michael Schober

Loewe

Die Deutsche Bibliothek – CJP-Einheitsaufnahme

*Geschichten vom kleinen Seehund* / Werner Färber.
Jll. von Michael Schober.
– 1. Aufl. – Bindlach : Loewe, 1996
(Lirum Larum Lesemaus)
JSBN 3-7855-2931-7
NE: Färber, Werner; Schober, Michael

JSBN 3-7855-2931-7 – 1. Auflage 1996
© 1996 by Loewe Verlag GmbH, Bindlach
Umschlagzeichnung: Michael Schober
Satz: Leingärtner, Nabburg
Gesamtherstellung: New Jnterlitho Jtalia SPA
Printed in Jtaly

# Inhalt

# Der kleine Seehund

Robin, der kleine , lebt

auf einer im . Er lebt

dort mit der frechen , der

alten , dem dicken

und mit vielen anderen .

Robin ist oft mit Joschi zusammen.

Joschi ist ein großer .

Von dem kann Robin noch viel

lernen. „Paß auf, ich zeig' dir was!"

ruft Joschi dem kleinen  zu.

Er springt von einem  und

stürzt sich kopfüber in die  .

Der kleine  reckt sich, damit

er besser sehen kann. Joschi fängt

einen . Er wirft ihn hoch und

fängt ihn dann mit dem  auf.

„Das will ich auch können!" ruft der

kleine 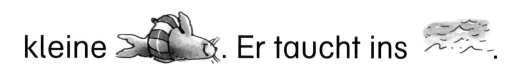. Er taucht ins .

Einen hat Robin schnell

gefangen. „Wirf ihn hoch!" ruft

Joschi. „Das schafft er doch nie!"

kreischt die Mathilda.

Robin schleudert den  , so

hoch er kann. Dann reißt er weit

das  auf. Der  klatscht

neben Robin ins . „Daneben,

daneben", kreischt die

Mathilda und holt sich den  .

Aber der kleine  schleudert

schon einen zweiten  hoch.

Die  legt ihre  an.

Sie saust dicht über Robin hinweg

und schnappt sich den  .

„He, diesmal hätte ich ihn erwischt!"

ruft der kleine empört.

Aber der ist der viel zu

schwer. Er fällt ihr aus dem .

Robin fängt ihn mit dem  auf.

„Jch war sowieso schon satt", sagt

Mathilda und fliegt davon. Das hört

der kleine  gar nicht mehr.

Er ist längst wieder abgetaucht.

 hochwerfen gefällt ihm.

# Der häßliche Theo

Tief unten im  liegt ein  .

Ein  hat es mit seiner

beschossen. Dann ist das

gesunken. Aber das ist lange her.

Jetzt wohnt dort Theo, der  .

„Theo ist noch schrecklicher als

der  ", sagen die  .

„Ach was, er ist nur fürchterlich

häßlich", entgegnet der  .

Der kleine glaubt nur, was

er selbst gesehen hat. Deshalb

taucht er hinunter zum .

Robin schaut durch das

hinein. Drinnen kann er einen

umgekippten  erkennen.

Auf dem  liegt ein .

Neben der  hängt ein .

Es zeigt den stolzen  hinter

dem . Durch die offene

schwimmt Robin in das .

„Wohnt hier Theo, der 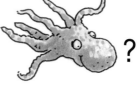 ?“

fragt er einen  . „Woher soll

ich das wissen?“ sagt der  .

„Jch wohne erst seit gestern hier.“

Der kleine  fragt eine ,

die an einem  festgewachsen

ist. Ohne zu antworten, klappt

die  zu. Anscheinend ist

sie gerade mies gelaunt.

Und die beiden  unter

dem  wissen auch nichts von

einem . „Dann eben nicht",

sagt Robin. Er will das

verlassen. Aber die  ist zu.

Und ausgerechnet jetzt kommt

auch noch der  zurück.

Durch das  sieht er

den kleinen  sofort.

Robin glaubt, er ist verloren. Doch

der  lächelt ihm freundlich

zu. „Diese dumme  “, sagt Theo.

„Jch muß sie dringend reparieren."

Er stemmt sich gegen die  .

Kaum ist sie auf, schnellt Robin

wie ein  nach oben. Er atmet

tief durch. Dann taucht er noch

mal zum hinunter, um sich

beim zu bedanken.

# Stürmische Nacht

Waldemar, das dicke , ist

schlecht gelaunt. Er blickt hinaus

aufs weite . „Heute wird es

noch stürmen", sagt Waldemar

mürrisch. „Wie kommst du denn

darauf?" fragt der kleine .

Das ist blank wie ein .

Und die  scheint auch.

„Meine   tun mir weh",

grummelt das dicke  . „Und

auf die kann ich mich verlassen."

Als der  aufgeht, ist es immer

noch windstill. Die  funkeln.

Robin glaubt nicht mehr, daß es

noch stürmen wird. Doch dann

ziehen plötzlich dicke  auf.

Ein greller  zuckt herab.

Es donnert grollend. Die

biegen sich.  brechen

krachend ab. Und ganze

werden über die  geweht.

Dicke  klatschen auf Robin

und die anderen herab.

"Kommt mit ins !" ruft Joschi.

"Dort ist es jetzt gemütlicher."

Der kleine  robbt mit

Joschi und den anderen

hinunter zum tosenden  .

Die  schlagen immer höher.

Manche sind so hoch wie ein  .

Die  reiten auf den

rauf und runter. Das ist lustig. Wenn

Robin ganz oben ist, kann er sogar

den weit entfernten  sehen.

„Bestimmt ist es bald vorbei", ruft

das dicke  gut gelaunt.

„Meine  tun nicht mehr weh!"

Robin lacht. Gemeinsam lassen

sie sich von den  schaukeln.

# Viel Müll

Der ist fürchterlich

schmutzig. Die haben

alles mögliche angespült. Robin

wundert sich, was alles ins

geschmissen wird. Hier liegt ein

alter . Da eine und ein

kaputtes . Und dort ein .

„So kann es nicht weitergehen",

sagt das dicke . Auch die

alte  beklagt sich: „Jch habe

mich fast an einer  geschnitten."

„Ich weiß was!" ruft Robin plötzlich.

„Wir packen alles in die große

dort drüben. Dann ist unser

wieder sauber." – „Und die

bringen einfach alles dahin zurück,

wo es herkommt", sagt Joschi.

Sogar das dicke  robbt

mit den  hin und her.

Alles, was nicht an den

gehört, landet in der großen  !

Ein  , eine verrostete

und auch die gefährliche  .

Die  wird voll bis oben hin.

Joschi knotet ein langes  an

einen  , der aus der  ragt.

Das dicke  schleppt die

zum  . Und die

bringen sie dorthin, wo die

stehen. Endlich ist Robins

wieder sauber.

# Robin macht einen Ausflug

„Kommst du mit ins ?" fragt

der kleine Joschi. „Nein,

ich bin zu faul", antwortet der

große . „Dann eben nicht",

sagt Robin und schwimmt alleine

los. Draußen im begegnet

dem kleinen ein .

40

Der  trägt und

eine  mit einem .

Wenn er ausatmet, blubbert es

lustig aus seiner  . Robin

schwimmt dem hinterher.

Bald erreichen sie eine  .

Hier ist der kleine  noch nie

gewesen. Neugierig reckt Robin

seinen  . Der  sieht ganz

anders aus als auf seiner  .

Ein  steht neben dem

anderen.  und

lassen sich von der ☀ bräunen.

Eine  ist schon rot wie eine .

Ein paar  spielen am

mit einem  . Andere bauen

mit  eine große  .

Ein  lernt gerade schwimmen.

Es hat einen lustigen  um,

der wie ein  aussieht.

Plötzlich hebt eine  die  .

„Schaut mal, da ist ein  !"

Sofort kommen alle gelaufen und

wollen den kleinen  sehen.

Das ist Robin dann doch zu viel.

Er schwimmt schnell wieder zu

seiner  zurück.

# Glück im Unglück

Jedes , das an der

vorbeifährt, muß sich Robin genau

ansehen. Ob es ein  ist

oder ein großes  mit

drei  und zwölf ,

das ist dem kleinen  egal.

Er ist einfach schrecklich neugierig.

Der kleine  schaut hinaus

aufs  . Weit draußen sieht

er dunklen  aufsteigen.

Schnell schwimmt er dorthin.

Robin bestaunt den  und

die dicke, schwere  .

Wenn der kleine  taucht,

hört er den  rumpeln.

Der treibt die große  an.

Auf dem  steht ein  .

Er trägt eine gelbe  und

einen gelben  . „He, paß auf,

kleiner  !" ruft der  .

Aber da ist es schon zu spät.

Robin ist von einem großen

umgeben. Das  zieht sich

immer enger um ihn zusammen.

Der kleine  kann schon

keine  mehr bewegen.

Gemeinsam mit großen und

kleinen  wird Robin von

einem  aufs  gezogen.

Die  werden in eine

gekippt. Nur der kleine

bleibt zappelnd im  hängen.

Der  kommt sofort gelaufen.

„Zappel nicht so herum", sagt er,

„ich will dir nur helfen." Vorsichtig

befreit er den kleinen  mit

einem  aus dem .

Dann wirft ihn der  zurück

ins ░░░░. Da ist Robin gerade

noch einmal davongekommen.

## Die Wörter zu den Bildern:

 Seehund

 Fisch

 Jnsel

 Maul

 Meer

 Flügel

 Möwe

 Schnabel

 Schildkröte

 Schiff

 Walroß

 Seeräuber

 Felsen

 Kanone

 Wellen

 Tintenfisch

Seepferdchen  Steuerrad

 Sägefisch  Krebs

 Bullauge  Muschel

 Stuhl  Faß

 Tisch  Seesterne

 Kerzen-
ständer  Pfeil

 Tür  Spiegel

 Bild  Sonne

 Kapitän  Zähne

Mond

 Leuchtturm

 Sterne

 Strand

 Wolken

 Sack

 Blitz

 Flasche

 Bäume

 Ruder

 Äste

 Gummistiefel

 Büsche

 Dose

 Tropfen

 Kiste

 Haus

 Delphine

Eimer

 Kopf

 Zange

 Sonnenstuhl

 Seil

 Frauen

 Nagel

 Tomate

 Mann

 Kinder

 Schwimm-
flossen

 Ball

 Taucherbrille

 Schaufeln

 Schnorchel

 Sandburg

 Nase

 Schwimmring

 Schwan

 Motor

 Hand

 Schiffs-
schraube

 Unterseeboot

 Jacke

 Segelschiff

 Hut

 Masten

 Netz

 Segel

 Flosse

 Rauch

 Kran

 Anker

 Wanne

 Kette

 Messer